E. T. A. Hoffmann

Das Sanctus

GRIN Verlag

Bibliografische Information der Deutschen Nationalbibliothek:

Die Deutsche Bibliothek verzeichnet diese Publikation in der Deutschen National-
bibliografie; detaillierte bibliografische Daten sind im Internet über http://dnb.d-
nb.de/ abrufbar.

Impressum:

Copyright © 2008 GRIN Verlag GmbH
Druck und Bindung: Books on Demand GmbH, Norderstedt Germany
ISBN: 978-3-640-23118-8

Dieses Buch bei GRIN:

http://www.grin.com/de/e-book/119794/das-sanctus

Das Sanctus - E. T. A. Hoffmann

erstmalig erschienen: 1817

Das Sanctus

Der Doktor schüttelte bedenklich den Kopf. – „Wie", rief der Kapellmeister heftig, indem er vom Stuhle aufsprang, „wie! so sollte Bettinas Katarrh wirklich etwas zu bedeuten haben?" – Der Doktor stieß ganz leise drei- oder viermal mit seinem spanischen Rohr auf den Fußboden, nahm die Dose heraus und steckte sie wieder ein, ohne zu schnupfen, richtete den Blick starr empor, als zähle er die Rosetten an der Decke, und hüstelte mißtönig, ohne ein Wort zu reden. Das brachte den Kapellmeister außer sich, denn er wußte schon, solches Gebärdenspiel des Doktors hieß in deutlichen lebendigen Worten nichts anders als: „Ein böser, böser Fall – und ich weiß mir nicht zu raten und zu helfen, und ich steure umher in meinen Versuchen, wie jener Doktor im ‚Gilblas di Santillana'." – „Nun, so sag Er es denn nur geradezu heraus", rief der Kapellmeister erzürnt, „sag Er es heraus, ohne so verdammt wichtig zu tun mit der simplen Heiserkeit, die sich Bettina zugezogen, weil sie unvorsichtigerweise den Shawl nicht umwarf, als sie die Kirche verließ – das Leben wird es ihr doch eben nicht kosten, der Kleinen." – „Mitnichten", sprach der Doktor, indem er nochmals die Dose herausnahm, jetzt aber wirklich schnupfte, „mitnichten, aber höchstwahrscheinlich wird sie in ihrem ganzen Leben keine Note mehr singen!" Da fuhr der Kapellmeister mit beiden Fäusten sich in die Haare, daß der Puder weit umherstäubte, und rannte im Zimmer auf und ab und schrie wie besessen: „Nicht mehr singen? – nicht mehr singen? – Bettina nicht mehr singen? – Gestorben all die herrlichen Kanzonette – die wunderbaren Boleros und Seguidillas, die wie klingender Blumenhauch von ihren Lippen strömten? – Kein frommes ‚Agnus', kein tröstendes ‚Benedictus' von ihr mehr hören? – Oh! oh! – Kein ‚Miserere', das mich reinbürstete von jedem irdischen Schmutz miserabler Gedanken – das in mir oft eine ganze reiche Welt makelloser Kirchenthemas aufgehen ließ? – Du lügst, Doktor, du lügst! – Der Satan versucht dich, mich aufs Eis zu führen. – Der Domorganist, der mich mit schändlichem Neide verfolgt, seitdem ich ein achtstimmiges ‚Qui tollis' ausgearbeitet zum Entzücken der Welt, *der* hat dich bestochen! Du sollst mich in schnöde Verzweiflung stürzen, damit ich meine neue Messe ins Feuer werfe, aber es gelingt *ihm* – es gelingt *dir* nicht! – Hier – hier trage ich sie bei mir, Bettinas Soli" (er schlug auf die rechte Rocktasche, so daß es gewaltig darin klatschte) „und gleich soll herrlicher als je die Kleine sie mir mit hocherhabener Glockenstimme vorsingen." Der Kapellmeister griff nach dem Hute und wollte fort, der Doktor hielt ihn zurück, indem er sehr sanft und leise sprach: „Ich ehre Ihren werten Enthusiasmus, holdseligster Freund! aber ich übertreibe nichts und kenne den Domorganisten gar nicht, es ist nun einmal so! Seit der Zeit, daß Bettina in der katholischen Kirche bei dem Amt die Solos im ‚Gloria' und ‚Credo' gesungen, ist sie von einer solch seltsamen Heiserkeit oder vielmehr Stimmlosigkeit befallen, die meiner Kunst trotzt und die mich, wie gesagt, befürchten läßt, daß sie nie mehr singen wird." – „Gut denn", rief der Kapellmeister wie in resignierter Verzweiflung, „gut denn, so gib ihr Opium – Opium und so lange Opium, bis sie eines sanften Todes dahinscheidet, denn singt Bettina nicht mehr, so darf sie auch nicht mehr leben, denn sie lebt nur, wenn sie singt – sie existiert nur im Gesange – himmlischer Doktor, tu mir den Gefallen, vergifte sie je eher desto lieber. Ich habe Konnexionen im Kriminalcollegio, mit dem Präsidenten studierte ich in Halle, es war ein großer Hornist, wir bliesen Bizinien zur Nachtzeit mit einfallenden Chören obligater Hündelein und Kater! – Sie sollen dir nichts tun des ehrlichen Mords wegen – aber vergifte sie – vergifte sie – " – „Man ist", unterbrach der Doktor den sprudelnden Kapellmeister, „man ist doch schon ziemlich hoch in Jahren, muß sich das Haar pudern seit geraumer Zeit, und doch noch, vorzüglich die Musik anlangend, vel quasi ein Hasenfuß. Man schreie nicht so, man spreche nicht so verwegen vom sündlichen Mord und Totschlag, man setze sich ruhig hin dort in jenen bequemen Lehnstuhl und höre mich gelassen an." Der Kapellmeister rief mit sehr weinerlicher Stimme: „Was werd ich hören?" und tat übrigens, wie ihm geheißen. „Es ist", fing der Doktor an, „es ist in der Tat in Bettinas Zustand etwas ganz Sonderbares und Verwunderliches. Sie spricht laut, mit voller Kraft des Organs, an irgendeines der gewöhnlichen Halsübel ist gar nicht zu denken, sie ist selbst imstande, einen musikalischen Ton anzugeben, aber sowie sie die Stimme zum Gesange erheben will, lähmt ein unbegreifliches Etwas, das sich durch kein Stechen, Prickeln, Kitzeln oder sonst als ein affirmatives krankhaftes Prinzip dartut, ihre Kraft, so daß jeder versuchte Ton, ohne gepreßt-unrein, kurz, katarrhalisch zu klingen,

4

matt und farblos dahinschwindet. Bettina selbst vergleicht ihren Zustand sehr richtig demjenigen im Traum, wenn man mit dem vollsten Bewußtsein der Kraft zum Fliegen doch vergebens strebt, in die Höhe zu steigen. Dieser negative krankhafte Zustand spottet meiner Kunst, und wirkungslos bleiben alle Mittel. Der Feind, den ich bekämpfen soll, gleicht einem körperlosen Spuk, gegen den ich vergebens meine Streiche führe. Darin habt Ihr recht, Kapellmeister, daß Bettinas ganze Existenz im Leben durch den Gesang bedingt ist, denn eben im Gesange kann man sich den kleinen Paradiesvogel nur denken, deshalb ist sie aber schon durch die Vorstellung, daß ihr Gesang und mit ihm sie selbst untergehe, so im Innersten aufgeregt, und fast bin ich überzeugt, daß ebendiese fortwährende geistige Agitation ihr Übelbefinden fördert und meine Bemühungen vereitelt. Sie ist, wie sie sich selbst ausdrückt, von Natur sehr apprehensiv, und so glaube ich, nachdem ich monatelang, wie ein Schiffbrüchiger, der nach jedem Splitter hascht, nach diesem, jenem Mittel gegriffen und darüber ganz verzagt worden, daß Bettinas ganze Krankheit mehr psychisch als physisch ist." – „Recht, Doktor", rief hier der reisende Enthusiast, der so lange schweigend, mit übereinander geschlagenen Ärmen im Winkel gesessen, „recht, Doktor, mit einemmal habt Ihr den richtigen Punkt getroffen, mein vortrefflicher Arzt! Bettinas krankhaftes Gefühl ist die physische Rückwirkung eines psychischen Eindrucks, ebendeshalb aber desto schlimmer und gefährlicher. Ich, ich allein kann euch alles erklären, ihr Herren!" – „Was werd ich hören", sprach der Kapellmeister noch weinerlicher als vorher, der Doktor rückte seinen Stuhl näher heran zum reisenden Enthusiasten und guckte ihm mit sonderbar lächelnder Miene ins Gesicht. Der reisende Enthusiast warf aber den Blick in die Höhe und sprach, ohne den Doktor oder den Kapellmeister anzusehen: „Kapellmeister! ich sah einmal einen kleinen buntgefärbten Schmetterling, der sich zwischen den Saiten Eures Doppelklavichords eingefangen hatte. Das kleine Ding flatterte lustig auf und nieder, und mit den glänzenden Flügelein um sich schlagend, berührte es bald die obern, bald die untern Saiten, die dann leise, leise nur dem schärfsten, geübtesten Ohr vernehmbare Töne und Akkorde hauchten, so daß zuletzt das Tierchen nur in den Schwingungen wie in sanftwogenden Wellen zu schwimmen oder vielmehr von ihnen getragen zu werden schien. Aber oft kam es, daß eine stärker berührte Saite wie erzürnt in die Flügel des fröhlichen Schwimmers schlug, so daß sie, wund geworden, den Schmuck des bunten Blütenstaubs von sich streuten, doch dessen nicht achtend, kreiste der Schmetterling fort und fort im fröhlichen Klingen und Singen, bis schärfer und schärfer die Saiten ihn verwundeten und er lautlos hinabsank in die Öffnung des Resonanzbodens." – „Was wollen wir damit sagen?", frug der Kapellmeister. „Fiat applicatio, mein Bester!" sprach der Doktor. „Von einer besonderen Anwendung ist hier nicht die Rede", fuhr der Enthusiast fort, „ich wollte, da ich obbesagten Schmetterling wirklich auf des Kapellmeisters Klavichord spielen gehört habe, nur im allgemeinen eine Idee andeuten, die mir damals einkam und die alles das, was ich über Bettinas Übel sagen werde, so ziemlich einleitet. Ihr könnet das Ganze aber auch für eine Allegorie ansehen und es in das Stammbuch irgendeiner reisenden Virtuosin hineinzeichnen. Es schien mir nämlich damals, als habe die Natur ein tausendchörichtes Klavichord um uns herum gebaut, in dessen Saiten wir herumhantierten, ihre Töne und Akkorde für unsere eigne, willkürlich hervorgebrachte haltend, und als würden wir oft zum Tode wund, ohne zu ahnden, daß der unharmonisch berührte Ton uns die Wunde schlug." – „Sehr dunkel", sprach der Kapellmeister. „Oh", rief der Doktor lachend, „oh, nur Geduld, er wird gleich auf seinem Steckenpferde sitzen und gestreckten Galopps in die Welt der Ahnungen, Träume, psychischen Einflüsse, Sympathien, Idiosynkrasien und so weiter hineinreiten, bis er auf der Station des Magnetismus absitzt und ein Frühstück nimmt." – „Gemach, gemach, mein weiser Doktor", sprach der reisende Enthusiast, „schmäht nicht auf Dinge, die Ihr, sträuben mögt Ihr Euch auch, wie Ihr wollt, doch mit Demut anerkennen und höchlich beachten müßt. Habt Ihr es denn nicht selbst eben erst ausgesprochen, daß Bettinas Krankheit von psychischer Anregung herbeigeführt oder vielmehr nur ein psychisches Übel ist?" – „Wie kommt", unterbrach der Doktor den Enthusiasten, „wie kommt aber Bettina mit dem unglückseligen Schmetterling zusammen?" – „Wenn man", fuhr der Enthusiast fort, „wenn man nun alles haarklein auseinandersieben soll und jedes Körnchen beäugeln und begucken, so wird das eine Arbeit, die, selbst langweilig, Langeweile verbreitet! – Laßt den Schmetterling im Klavichordkasten des Kapellmeisters ruhen! – Übrigens, sagt selbst, Kapellmeister! ist es nicht ein wahres Unglück, daß die hochheilige Musik ein integrierender Teil unserer Konversation geworden ist? Die herrlichsten Talente werden herabgezogen in das gemeine dürftige Leben! Statt daß sonst aus heiliger Ferne, wie aus dem wunderbaren Himmelsreiche selbst, Ton und Gesang auf uns herniederstrahlte, hat man jetzt alles hübsch bei der Hand, und man weiß genau, wie viel Tassen Tee die Sängerin oder wie viel Gläser Wein der Bassist trinken muß, um in die gehörige Tramontane zu kommen. Ich weiß wohl, daß es Vereine gibt, die, ergriffen von dem wahren Geist der Musik, sie untereinander mit wahrhafter Andacht üben, aber jene miserablen geschmückten, geschniegelten – doch ich will mich nicht ärgern! – Als ich voriges Jahr hieher kam, war die arme Bettina gerade recht in der Mode – sie war, wie man sagt, recherchiert, es konnte kaum Tee getrunken werden ohne Zutat einer spanischen Romanze, einer italienischen Canzonetta oder auch wohl eines französischen Liedleins: ‚Souvent l'amour‘ etc., zu dem sich Bettina hergeben mußte. Ich fürchtete in der Tat, daß das gute Kind mit samt ihrem herrlichen Talent untergehen würde in dem Meer von Teewasser, das man über sie ausschüttete; das geschah nun nicht, aber die Katastrophe trat ein.“ – „Was für eine Katastrophe?“ riefen Doktor und Kapellmeister. „Seht, liebe Herren!“ fuhr der Enthusiast fort, „eigentlich ist die arme Bettina, – wie man so sagt, verwünscht oder verhext worden, und so hart es mir ankommt, es zu bekennen, ich – ich selbst bin der Hexenmeister, der das böse Werk vollbracht hat und nun, gleich dem Zauberlehrling, den Bann nicht zu lösen vermag.“ – „Possen – Possen, und wir sitzen hier und lassen uns mit der größten Ruhe von dem ironischen Bösewicht mystifizieren.“ So rief der Doktor, indem er aufsprang. „Aber, zum Teufel, die Katastrophe – die Katastrophe“, schrie der Kapellmeister. „Ruhig, ihr Herren“, sprach der Enthusiast, „jetzt kommt eine Tatsache, die ich verbürgen kann, haltet übrigens meine Hexerei für Scherz, unerachtet es mir zuweilen recht schwer aufs Herz fällt, daß ich ohne Wissen und Willen einer unbekannten psychischen Kraft zum Medium des Entwickelns und Einwirkens auf Bettina gedient haben mag. Gleichsam als Leiter, mein ich, so wie in der elektrischen Reihe einer den andern ohne Selbsttätigkeit und eignen Willen prügelt.“ – „Hop, hop“, rief der Doktor, „seht, wie das Steckenpferd gar herrliche Kurbetten verführt.“ – „Aber die Geschichte – die Geschichte“, schrie der Kapellmeister dazwischen. „Ihr erwähntet“, fuhr der Enthusiast fort, „Ihr erwähntet, Kapellmeister, schon zuvor, daß Bettina das letztemal, ehe sie die Stimme verlor, in der katholischen Kirche sang. Erinnert Euch, daß dies am ersten Osterfeiertage vorigen Jahres geschah. Ihr hattet Euer schwarzes Ehrenkleid angetan und dirigiertet die herrliche Haydnsche Messe aus dem d-Moll. In dem Sopran tat sich ein Flor junger, anmutig gekleideter Mädchen auf, die zum Teil sangen, zum Teil auch nicht; unter ihnen stand Bettina, die mit wunderbar starker, voller Stimme die kleinen Soli vortrug. Ihr wißt, daß ich mich im Tenor angestellt hatte, das ‚Sanctus' war eingetreten, ich fühlte die Schauer der tiefsten Andacht mich durchbeben, da rauschte es hinter mir störend, unwillkürlich drehte ich mich um und erblickte zu meinem Erstaunen Bettina, die sich durch die Reihen der Spielenden und Singenden drängte, um den Chor zu verlassen. ‚Sie wollen fort?' redete ich sie an. ‚Es ist die höchste Zeit', erwiderte sie sehr freundlich, ‚daß ich mich jetzt nach der *** Kirche begebe, um noch, wie ich versprochen, dort in einer Kantate mitzusingen, auch muß ich noch vormittag ein paar Duetts probieren, die ich heute abend in dem Singetee bei *** vortragen werde, dann ist Souper bei ***. Sie kommen doch hin? es werden ein paar Chöre aus dem Händelschen »Messias« und das erste Finale aus Figaros Hochzeit gemacht.' Während dieses Gesprächs erklangen die vollen Akkorde des ‚Sanctus', und das Weihrauchopfer zog in blauen Wolken durch das hohe Gewölbe der Kirche. ‚Wissen Sie denn nicht', sprach ich, ‚daß es sündlich ist, daß es nicht straflos bleibt, wenn man während des ‚Sanctus' die Kirche verläßt? – Sie werden so bald nicht mehr in der Kirche singen!' – Es sollte Scherz sein, aber ich weiß nicht, wie es kam, daß mit einemmal meine Worte so feierlich klangen. Bettina erblaßte und verließ schweigend die Kirche. Seit diesem Moment verlor sie die Stimme." – Der Doktor hatte sich während der Zeit wieder gesetzt und das Kinn auf den Stockknopf gestützt, er blieb stumm, aber der Kapellmeister rief: „Wunderbar, in der Tat, sehr wunderbar!" – „Eigentlich", fuhr der Enthusiast fort, „eigentlich kam mir damals bei meinen Worten nichts Bestimmtes in den Sinn, und ebensowenig setzte ich Bettinas Stimmlosigkeit mit dem Vorfall in der Kirche nur in den mindesten Bezug. Erst jetzt, als ich wieder hieher kam und von Euch, Doktor, erfuhr, daß Bettina noch immer an der verdrießlichen Kränklichkeit leide, war es mir, als hätte ich schon damals an eine Geschichte gedacht, die ich vor mehreren

Jahren in einem alten Buche las und die ich Euch, da sie mir anmutig und rührend scheint, mitteilen will." – „Erzählen Sie", rief der Kapellmeister, „vielleicht liegt ein guter Stoff zu einer tüchtigen Oper darin." – „Könnt Ihr", sprach der Doktor, „könnt Ihr, Kapellmeister, Träume – Ahnungen – magnetische Zustände in Musik setzen, so wird Euch geholfen, auf so was wird die Geschichte doch wieder herauslaufen." Ohne dem Doktor zu antworten, räusperte sich der reisende Enthusiast und fing mit erhabener Stimme an: „Unabsehbar breitete sich das Feldlager Isabellens und Ferdinands von Aragonien vor den Mauern von Granada aus." – „Herr des Himmels und der Erden", unterbrach der Doktor den Erzähler, „das fängt an, als wollt es in neun Tagen und neun Nächten nicht endigen, und ich sitze hier, und die Patienten lamentieren. Ich schere mich den Teufel um Eure maurischen Geschichten, den ‚Gonzalvo von Cordova' habe ich gelesen, und Bettinas Seguidillas gehört, aber damit basta, alles, was recht ist – Gott befohlen!" Schnell sprang der Doktor zur Türe heraus, aber der Kapellmeister blieb ruhig sitzen, indem er sprach: „Es wird eine Geschichte aus den Kriegen der Mauren mit den Spaniern, wie ich merke, so was hätt ich längst gar zu gern komponiert. – Gefechte – Tumult – Romanzen – Aufzüge – Zimbeln – Choräle – Trommeln und Pauken – ach Pauken! – Da wir nun einmal so zusammen sind, erzählen Sie, liebenswürdiger Enthusiast, wer weiß, welches Samenkorn die erwünschte Erzählung in mein Gemüt wirft und was für Riesenlilien daraus entsprießen." – „Euch wird", erwiderte der Enthusiast, „Euch wird nun, Kapellmeister! alles einmal gleich zur Oper, und daher kommt es denn auch, daß die vernünftigen Leute, die die Musik behandeln wie einen starken Schnaps, den man nur dann und wann in kleinen Portionen genießt zur Magenstärkung, Euch manchmal für toll halten. Doch erzählen will ich Euch, und keck möget Ihr, wandelt Euch die Lust an, manchmal ein paar Akkorde dazwischen werfen." – Schreiber dieses fühlt sich gedrungen, ehe er dem Enthusiasten die Erzählung nachschreibt, dich, günstigen Leser, zu bitten, du mögest ihm der Kürze halber zugute halten, wenn er den dazwischen anschlagenden Akkorden den Kapellmeister vorzeichnet. Statt also zu schreiben: „Hier sprach der Kapellmeister", heißt es bloß: „der Kapellmeister".

„Unabsehbar breitete sich das Feldlager Isabellens und Ferdinands von Aragonien vor den festen Mauern von Granada aus. Vergebens auf Hülfe hoffend, immer enger und enger eingeschlossen, verzagte der feige Boabdil, und im bittern Hohn vom Volk, das ihn den kleinen König nannte, verspottet, fand er nur in den Opfern blutdürstiger Grausamkeit augenblicklichen Trost. Aber eben in dem Grade, wie die Mutlosigkeit und Verzweiflung täglich mehr Volk und Kriegsheer in Granada erfaßte, wurde lebendiger Siegeshoffnung und Kampfeslust im spanischen Lager. Es bedurfte keines Sturms. Ferdinand begnügte sich, die Wälle zu beschießen und die Ausfälle der Belagerten zurückzutreiben. Diese kleinen Gefechte glichen mehr fröhlichen Turnieren als ernsten Kämpfen, und selbst der Tod der im Kampfe Gefallnen konnte die Gemüter nur erheben, da sie hochgefeiert im Gepränge des kirchlichen Kultus wie in der strahlenden Glorie des Märtyrtums für den Glauben erschienen. Gleich nachdem Isabella in das Lager eingezogen, ließ sie in dessen Mitte ein hohes hölzernes Gebäude mit Türmen aufführen, von deren Spitzen die Kreuzesfahne herabwehte. Das Innere wurde zum Kloster und zur Kirche eingerichtet, und Benediktinernonnen zogen ein, täglichen Gottesdienst übend. Die Königin, von ihrem Gefolge, von ihren Rittern begleitet, kam jeden Morgen, die Messe zu hören, die ihr Beichtvater las, von dem Gesange der im Chor versammelten Nonnen unterstützt. Da begab es sich, daß Isabella an einem Morgen eine Stimme vernahm, die mit wunderbarem Glockenklang die andern Stimmen im Chor übertönte. Der Gesang war anzuhören wie das siegende Schmettern einer Nachtigall, die, die Fürstin des Hains, dem jauchzenden Volk gebietet. Und doch war die Aussprache der Worte so fremdartig, und selbst die sonderbare, ganz eigentümliche Art des Gesanges tat kund, daß eine Sängerin, des kirchlichen Stils noch ungewohnt, vielleicht zum erstenmal das Amt singen müsse. Verwundert schaute Isabella um sich und bemerkte, daß ihr Gefolge von demselben Erstaunen ergriffen worden; doch ahnen mußte sie wohl, daß hier ein besonderes Abenteuer im Spiel sein müsse, als ihr der tapfere Heerführer Aguillar, der sich eben im Gefolge befand, ins Auge fiel. Im Betstuhl kniend, die Hände gefaltet, starrte er zum Gitter des Chors herauf, glühende inbrünstige Sehnsucht im düstern Auge. Als die Messe geendet war, begab sich Isabella nach Donna Marias, der Priorin, Zimmern und frug nach der fremden Sängerin. ‚Wollet Euch, o

Königin', sprach Donna Maria, „wollet Euch erinnern, daß vor Mondesfrist Don Aguillar jenes Außenwerk zu überfallen und zu erobern gedachte, das, mit einer herrlichen Terrasse geziert, den Mauren zum Lustort dient. In jeder Nacht schallen die üppigen Gesänge der Heiden in unser Lager herüber wie verlockende Sirenenstimmen, und ebendeshalb wollte der tapfere Aguillar das Nest der Sünde zerstören. Schon war das Werk genommen, schon wurden die gefangenen Weiber während des Gefechts abgeführt, als eine unvermutete Verstärkung ihn, tapferer Wehr unerachtet, nötigte, abzulassen und sich zurückzuziehen in das Lager. Der Feind wagte nicht, ihn zu verfolgen, und so kam es, daß die Gefangenen und reiche Beute sein blieben. Unter den gefangenen Weibern befand sich eine, deren trostloses Jammern, deren Verzweiflung Don Aguillars Aufmerksamkeit erregte. Er nahte sich der Verschleierten mit freundlichen Worten, aber als hätte ihr Schmerz keine andere Sprache als Gesang, fing sie, nachdem sie auf der Zither, die ihr an einem goldnen Bande um den Hals hing, einige seltsame Akkorde gegriffen hatte, eine Romanze an, die in tiefaufseufzenden herzzerschneidenden Lauten die Trennung von dem Geliebten, von aller Lebensfreude klagte. Aguillar, tief ergriffen von den wunderbaren Tönen, beschloß, das Weib zurückbringen zu lassen nach Granada; sie stürzte vor ihm nieder, indem sie den Schleier zurückschlug. Da rief Aguillar wie außer sich: „Bist du denn nicht Zulema, das Licht des Gesanges in Granada?" – Zulema, die der Feldherr bei einer Sendung an Boabdils Hof gesehen, deren wunderbarer Gesang seitdem tief in seiner Brust widerhallte, war es wirklich. „Ich gebe dir die Freiheit", rief Aguillar, aber da sprach der ehrwürdige Vater Agostino Sanchez, der, das Kreuz in der Hand, mitgezogen: „Erinnere dich, Herr! daß du, indem du die Gefangene freilässest, ihr großes Unrecht tust, da sie, dem Götzendienst entrissen, vielleicht bei uns von der Gnade des Herrn erleuchtet, in den Schoß der Kirche zurückgekehrt wäre." Aguillar sprach: „Sie mag bei uns bleiben einen Monat hindurch und dann, fühlt sie sich nicht durchdrungen von dem Geist des Herrn, zurückgebracht werden nach Granada." So kam es, o Herrin! daß Zulema von uns in dem Kloster aufgenommen wurde. Anfangs überließ sie sich ganz dem trostlosesten Schmerz, und bald waren es wild und schauerlich tönende, bald tiefklagende Romanzen, mit denen sie das Kloster erfüllte, denn überall hörte man ihre durchdringende

Glockenstimme. Es begab sich, daß wir einst um Mitternacht im Chor der Kirche versammelt waren und die Hora nach jener wundervollen heiligen Weise absangen, die der hohe Meister des Gesanges, Ferreras, uns lehrte. Ich bemerkte im Schein der Lichter Zulema, in der offnen Pforte des Chors stehend und mit ernstem Blick still und andächtig hineinschauend; als wir, paarweise daherziehend, den Chor verließen, kniete Zulema im Gange unfern eines Marienbildes. Den andern Tag sang sie keine Romanze, sondern blieb still und in sich gekehrt. Bald versuchte sie auf der tiefgestimmten Zither die Akkorde jenes Chorals, den wir in der Kirche gesungen, und dann fing sie an, leise, leise zu singen, ja selbst die Worte unsers Gesanges zu versuchen, die sie freilich wunderlich, wie mit gebundener Zunge aussprach. Ich merkte wohl, daß der Geist des Herrn mit milder tröstender Stimme im Gesange zu ihr gesprochen und daß sich ihre Brust öffnen würde seiner Gnade, daher schickte ich Schwester Emanuela, die Meisterin des Chors, zu ihr, daß sie den glimmenden Funken anfache, und so geschah es, daß im heiligen Gesange der Kirche der Glaube in ihr entzündet wurde. Noch ist Zulema nicht durch die heilige Taufe in den Schoß der Kirche aufgenommen, aber vergönnt wurde es ihr, unserm Chor sich beizugesellen und so ihre wunderbare Stimme zur Glorie der Religion zu erheben.“ Die Königin wußte nun wohl, was in Aguillars Innerm vorgegangen, als er auf Agostinos Einrede Zulema nicht zurücksandte nach Granada, sondern sie im Kloster aufnehmen ließ, und um so mehr war sie erfreut über Zulemas Bekehrung zum wahren Glauben. Nach wenigen Tagen wurde Zulema getauft und erhielt den Namen Julia. Die Königin selbst, der Marquis von Cadix, Heinrich von Gusman, die Feldherren Mendoza, Villena, waren die Zeugen des heiligen Akts. Man hätte glauben sollen, daß Julias Gesang nun noch inniger und wahrer die Herrlichkeit des Glaubens hätte verkünden müssen, und so geschah es auch wirklich eine kurze Zeit hindurch, indessen bemerkte Emanuela bald, daß Julia oft auf seltsame Weise von dem Choral abwich, fremdartige Töne einmischend. Oft hallte urplötzlich der dumpfe Klang einer tiefgestimmten Zither durch den Chor. Der Ton glich dem Nachklingen vom Sturm durchrauschter Saiten. Dann wurde Julia unruhig, und es geschah sogar, daß sie wie willkürlos in den lateinischen Hymnus ein mohrisches Wort einwarf. Emanuela warnte die Neubekehrte, standhaft zu widerstehen dem Feinde, aber leichtsinnig achtete

Julia dessen nicht, und zum Ärgernis der Schwestern sang sie oft, wenn eben die ernsten heiligen Choräle des alten Ferreras erklungen, tändelnde mohrische Liebeslieder zur Zither, die sie wieder hochgestimmt hatte. Sonderbarerweise klangen jetzt die Zithertöne, die oft durch den Chor sausten, auch hoch und recht widrig, beinahe wie das gellende Gepfeife der kleinen mohrischen Flöten."

Der Kapellmeister: Flauti piccoli – Oktavflötchen. Aber, mein Bester, noch bis jetzt nichts, gar nichts für die Oper – keine Exposition, und das ist immer die Hauptsache, doch mit der tiefen und hohen Stimmung der Zither, das hat mich angeregt. Glaubt Ihr nicht, daß der Teufel ein Tenorist ist? Er ist falsch wie – der Teufel, und daher macht er alles im Falsett!

Der Enthusiast: Gott im Himmel! – Ihr werdet von Tage zu Tage witziger, Kapellmeister! Aber Ihr habt recht, lassen wir dem teuflischen Prinzip alles überhohe unnatürliche Gepfeife, Gequieke etc. Doch weiter fort in der Erzählung, die mir eigentlich blutsauer wird, weil ich jeden Augenblick Gefahr laufe, über irgendeinen wohl zu beachtenden Moment wegzuspringen.

„Es begab sich, daß die Königin, begleitet von den edlen Feldherren des Lagers, nach der Kirche der Benedektinernonnen schritt, um wie gewöhnlich die Messe zu hören. Vor der Pforte lag ein elender zerlumpter Bettler, die Trabanten wollten ihn fortschaffen, doch halb erhoben, riß er sich wieder los und warf sich heulend nieder, so daß er die Königin berührte. Ergrimmt sprang Aguillar hervor und wollte den Elenden mit dem Fuße fortstoßen. Der richtete sich aber mit halbem Leibe gegen ihn empor und schrie: ‚Tritt die Schlange – tritt die Schlange, sie wird dich stechen zum Tode!‘ und dazu griff er in die Saiten der unter den Lumpen versteckten Zither, daß sie im gellenden, widrig pfeifenden Tone zerrissen und alle, von unheimlichem Grauen ergriffen, zurückbebten. Die Trabanten schafften das widrige Gespenst fort, und es hieß, der Mensch sei ein gefangener wahnsinniger Mohr, der aber durch seine tollen Späße und durch sein verwunderliches Zitherspiel die Soldaten im Lager belustige. Die Königin trat ein, und das Amt begann. Die Schwestern im Chor intonierten das ‚Sanctus‘; eben sollte

Julia mit mächtiger Stimme wie sonst eintreten: ‚Pleni sunt coeli gloria tua‘, da ging ein gellender Zitherton durch den Chor, Julia schlug schnell das Blatt zusammen und wollte den Chor verlassen. ‚Was beginnst du?‘ rief Emanuela. ‚Oh!‘ sagte Julia, ‚hörst du denn nicht die prächtigen Töne des Meisters? – dort bei ihm, mit ihm muß ich singen!‘ Damit eilte Julia nach der Türe, aber Emanuela sprach mit sehr ernster feierlicher Stimme: ‚Sünderin, die du den Dienst des Herrn entweihst, da du mit dem Munde sein Lob verkündest und im Herzen weltliche Gedanken trägst, flieh von hinnen, gebrochen ist die Kraft des Gesanges in dir, verstummt sind die wunderbaren Laute in deiner Brust, die der Geist des Herrn entzündet!‘ – Von Emanuelas Worten wie vom Blitz getroffen, schwankte Julia fort. Eben wollten die Nonnen zur Nachtzeit sich versammeln, um die Hora zu singen, als ein dicker Qualm schnell die ganze Kirche erfüllte. Bald darauf drangen die Flammen zischend und prasselnd durch die Wände des Nebengebäudes und erfaßten das Kloster. Mit Mühe gelang es den Nonnen, ihr Leben zu retten, Trompeten und Hörner schmetterten durch das Lager, aus dem ersten Schlaf taumelten die Soldaten auf; man sah den Feldherrn Aguillar mit versengtem Haar, mit halbverbrannten Kleidern aus dem Kloster stürzen, er hatte Julia, die man vermißte, vergebens zu retten gesucht, keine Spur von ihr war zu finden. Fruchtlos blieb der Kampf gegen das Feuer, das von dem Sturm, der sich erhoben, angefacht, immer mehr um sich griff: in kurzer Zeit lag Isabellens ganzes reiches herrliches Lager in Asche. Die Mauren, im Vertrauen, daß der Christen Unglück ihnen Sieg bringen würde, wagten mit einer bedeutenden Macht einen Ausfall, glänzender war aber für die Waffen der Spanier nie ein Kampf gewesen als ebendieser, und als sie unter dem jauchzenden Schall der Trompeten sieggekrönt in ihre Verschanzungen zurückzogen, da bestieg die Königin Isabella den Thron, den man im Freien errichtet hatte, und verordnete, daß an der Stelle des abgebrannten Lagers eine Stadt gebaut werde! Zeigen sollte dies den Mauren in Granada, daß niemals die Belagerung aufgehoben werden würde.“

Der Kapellmeister: Dürfte man sich nur mit geistlichen Dingen auf das Theater wagen; hat man nicht schon seine Not mit dem lieben Publikum, wenn man hie und da ein bißchen Choral anbringt! Sonst wär die Julia gar keine üble Partie. Denkt Euch den doppelten Stil, in welchem sie glänzen kann, erst die Romanzen, dann die Kirchengesänge. Einige allerliebste spanische und mohrische Lieder hab ich bereits fertig, auch ist der Siegesmarsch der Spanier gar nicht übel, so wie ich das Gebot der Königin melodramatisch zu behandeln willens bin; wie indessen das Ganze sich zusammenfügen soll, das weiß der Himmel! – Aber erzählt weiter, kommen wir wieder auf Julia, die hoffentlich nicht verbrannt sein wird.

Der Enthusiast: Denkt Euch, liebster Kapellmeister, daß jene Stadt, die die Spanier in einundzwanzig Tagen aufbauten und mit Mauern umgaben, eben das heute noch stehende Santa Fé ist. Doch indem ich das Wort so unmittelbar an Euch richte, falle ich aus dem feierlichen Ton, der allein sich zu dem feierlichen Stoffe paßt. Ich wollte, Ihr spieltet eins von Palestrinas Responsorien, die dort auf dem Pult des Fortepianos aufgeschlagen liegen.

Der Kapellmeister tat es, und hierauf fuhr der reisende Enthusiast fort:

„Die Mauren unterließen nicht, die Spanier während des Aufbaues ihrer Stadt auf mannigfache Weise zu beunruhigen, die Verzweiflung trieb sie zur verwegensten Kühnheit, und so wurden die Gefechte ernster als jemals. Aguillar hatte einst ein maurisches Geschwader, das die spanischen Vorwachen überfallen, bis in die Mauern von Granada zurückgetrieben. Er kehrte mit seinen Reitern zurück und hielt unfern den ersten Verschanzungen bei einem Myrtenwäldchen, sein Gefolge fortschickend, um so ernstem Gedanken und wehmütiger Erinnerung sich mit ganzem Gemüt hingeben zu können. Julias Bild stand lebendig vor seines Geistes Augen. Schon während des Gefechts hörte er ihre Stimme bald drohend, bald klagend ertönen, und auch jetzt war es ihm, als säusle ein seltsamer Gesang, halb mohrisches Lied, halb christlicher Kirchengesang, durch die dunklen Myrten. Da rauschte plötzlich ein mohrischer Ritter im silbernen Schuppenharnisch auf leichtem arabischen Pferde aus dem Walde hervor, und gleich sauste auch der geworfene Speer dicht bei Aguillars Haupt vorbei. Er wollte mit gezogenem Schwert auf den Feind losstürzen, als der zweite Speer flog und seinem Pferde tief in der Brust stecken blieb, daß es sich vor Wut und Schmerz hoch emporbäumte und Aguillar sich schnell von der Seite herabschwingen mußte, um schwerem Falle nicht zu erliegen. Der Mohr war herangesprengt und hieb herab mit der Sichelklinge nach Aguillars entblößtem Haupt. Aber geschickt parierte Aguillar den Todesstreich und hieb so gewaltig nach, daß der Mohr sich nur rettete, indem er tief vom Pferde niedertauchte. In demselben Augenblick drängte sich des Mohren Pferd dicht an Aguillar, so daß er keinen zweiten Hieb führen konnte, der Mohr riß seinen Dolch hervor, aber noch ehe er zustoßen konnte, hatte ihn Aguillar mit Riesenstärke erfaßt, vom Pferde heruntergezogen und ringend zu Boden geworfen. Er kniete auf des Mohren Brust, und indem er mit der linken Faust des Mohren rechten Arm so gewaltig gepackt hatte, daß er regungslos blieb, zog er seinen Dolch. Schon hatte er den Arm erhoben, um des Mohren Kehle zu durchstoßen, als dieser tief aufseufzte: „Zulema!" – Zur Bildsäule erstarrt, vermochte Aguillar nicht die Tat zu vollenden. ‚Unseliger', rief er, ‚welch einen Namen nanntest du?' – ‚Stoße zu', stöhnte der Mohr, ‚stoße zu, du tötest den, der dir Tod und Verderben geschworen hat. Ja! wisse, verräterischer Christ, wisse, daß es Hichem, der letzte des Stammes Alhamar ist, dem du Zulema raubtest! – Wisse, daß jener zerlumpte Bettler, der mit den Gebärden des Wahnsinns in eurem Lager umherschlich, Hichem war, wisse, daß es mir gelang, das dunkle Gefängnis, in dem ihr Verruchte das Licht meiner Gedanken eingeschlossen, anzuzünden und Zulema zu retten.' – ‚Zulema – Julia lebt?' rief Aguillar. Da lachte Hichem gellend auf im grausigen Hohn: ‚Ja, sie lebt, aber euer blutiges dornengekröntes Götzenbild hat mit fluchwürdigem Zauber sie befangen und die duftende glühende Blume des Lebens eingehüllt in die Leichentücher der wahnsinnigen Weiber, die Ihr Bräute Eures Götzen nennt. Wisse, daß Ton und Gesang in ihrer Brust, wie angeweht vom giftigen Hauch des Samums, erstorben ist. Dahin ist alle Lust des Lebens mit Zulemas süßen Liedern, darum töte mich – töte mich, da ich nicht Rache zu nehmen vermag an dir, der du mir schon mehr als mein Leben entrissest.' Aguillar ließ ab von Hichem und erhob sich, sein Schwert von dem Boden aufnehmend, langsam. ‚Hichem', sprach er, ‚Zulema, die in heiliger Taufe den Namen Julia empfing, wurde meine Gefangene im ehrlichen offenen Kampf. Erleuchtet von der Gnade des Herrn, entsagte sie Mahoms schnödem Dienst, und was du, verblendeter Mohr, bösen Zauber eines Götzenbildes nennst, war nur die

Versuchung des Bösen, dem sie nicht zu widerstehen vermochte. Nennst du Zulema deine Geliebte, so sei Julia, die zum Glauben Bekehrte, die Dame meiner Gedanken, und *sie* im Herzen, zur Glorie des wahren Glaubens, will ich gegen dich bestehen im wackern Kampf. Nimm deine Waffen und falle gegen mich aus, wie du willst, nach deiner Sitte.' Schnell ergriff Hichem Schwert und Tartsche, aber auf Aguillar losrennend, wankte er laut aufbrüllend zurück, warf sich auf das Pferd, das neben ihm stehen geblieben, und sprengte gestreckten Galopps davon. Aguillar wußte nicht, was das zu bedeuten haben könnte, aber in dem Augenblick stand der ehrwürdige Greis Agostino Sanchez hinter ihm und sprach sanft lächelnd: ,Fürchtet Hichem mich oder den Herrn, der in mir wohnt und dessen Liebe er verschmäht?' Aguillar erzählte alles, was er von Julia vernommen, und beide erinnerten sich nun wohl an die prophetischen Worte Emanuelas, als Julia, verlockt von Hichems Zithertönen alle Andacht im Innern ertötend, den Chor während des ,Sanctus' verließ."

Der Kapellmeister: Ich denke an keine Oper mehr, aber das Gefecht zwischen dem Mohren Hichem im Schuppenharnisch und dem Feldherrn Aguillar ging mir auf in Musik. – Hol es der Teufel! – wie kann man nun besser gegeneinander ausfallen lassen, als es Mozart im „Don Giovanni" getan hat. Ihr wißt doch – in der ersten –

Der reisende Enthusiast: Still, Kapellmeister! Ich werde nun meiner schon zu langen Erzählung den letzten Ruck geben. Noch allerlei kommt vor, und es ist nötig, die Gedanken zusammenzuhalten, um so mehr, da ich immer dabei an Bettina denke, welches mich nicht wenig verwirrt. Vorzüglich möcht ich gar nicht, daß sie jemals etwas von meiner spanischen Geschichte erführe, und doch ist es mir so, als wenn sie dort an jener Türe lauschte, welches natürlicherweise pure Einbildung sein muß. Also weiter.

Immer und immer geschlagen in allen Gefechten, von der täglich, stündlich zunehmenden Hungersnot gedrückt, sahen sich die Mauren endlich genötigt, zu kapitulieren, und im festlichen Gepränge, unter dem Donner des Geschützes zogen Ferdinand und Isabella in Granada ein. Priester hatten die große Moschee eingeweiht zur Kathedrale, und dorthin ging der Zug, um in andächtiger Messe, im feierlichen ,Te deum laudamus', dem Herrn der Heerscharen zu danken für den glorreichen Sieg über die Diener Mahoms, des falschen Propheten. Man kannte die nur mühsam unterdrückte, immer neu aufgeifernde Wut der Mohren, und daher deckten Truppenabteilungen, die durch entferntere Straßen schlagfertig zogen, die durch die Hauptstraße sich bewegende Prozession. So geschah es, daß Aguillar an der Spitze einer Abteilung Fußvolks eben auf entfernterem Wege sich nach der Kathedrale, wo das Amt schon begonnen, begeben wollte, als er sich plötzlich durch einen Pfeilschuß an der linken Schulter verwundet fühlte. In demselben Augenblick stürzte ein Haufen Mohren aus einem dunklen Bogengange hervor und überfiel die Christen mit verzweifelnder Wut. Hichem an der Spitze rannte gegen Aguillar an, dieser, nur leicht verletzt, kaum den Schmerz der Wunde fühlend, parierte geschickt den gewaltigen Hieb, und in demselben Augenblick lag auch Hichem mit gespaltenem Kopf zu seinen Füßen. Die Spanier drangen wütend ein auf die verräterischen Mohren, die bald heulend flohen und sich in ein steinernes Haus warfen, dessen Tor sie schnell verschlossen. Die Spanier stürmten heran, aber da regnete es Pfeile aus den Fenstern, Aguillar befahl, Feuerbrände hineinzuwerfen. Schon loderten die Flammen aus dem Dache hoch auf, als durch den Donner des Geschützes eine wunderbare Stimme aus dem brennenden Gebäude erklang: ‚Sanctus – Sanctus Dominus deus Sabaoth.' – ‚Julia – Julia!' rief Aguillar in trostlosem Schmerz, da öffneten sich die Pforten, und Julia, im Gewande der Benediktinernonne, trat hervor, mit starker Stimme singend: ‚Sanctus – sanctus dominus deus Sabaoth.' Hinter ihr zogen die Mohren in gebeugter Stellung, die Hände auf der Brust zum Kreuz verschränkt. Erstaunt wichen die Spanier zurück, und durch ihre Reihen zog Julia mit den Mohren nach der Kathedrale – hineintretend intonierte sie das ‚Benedictus, qui venit in nomine domini.' Unwillkürlich, als komme die Heilige vom Himmel gesendet, Heiliges zu verkünden den Gesegneten des Herrn, beugte das Volk die Knie. Festen Schrittes, den verklärten Blick gen Himmel gerichtet, trat Julia vor den Hochaltar, zwischen Ferdinand und Isabellen, das Amt singend und die heiligen Gebräuche mit inbrünstiger Andacht übend. Bei den letzten Lauten des ‚Dona nobis pacem' sank Julia entseelt der Königin in die Arme. Alle Mohren, die ihr gefolgt, empfingen, zum Glauben bekehrt, selbigen Tages die heilige Taufe.

So hatte der Enthusiast seine Geschichte geendet, als der Doktor mit vielem Geräusch eintrat, heftig mit dem Stock auf die Erde stieß und zornig schrie: „Da sitzen sie noch und erzählen sich tolle phantastische Geschichten ohne Rücksicht auf Nachbarschaft und machen die Leute kränker." – „Was ist denn nun wieder geschehen, mein Wertester?" sprach der Kapellmeister ganz erschrocken. „Ich weiß es recht gut", fiel der Enthusiast ganz gelassen ein. „Nichts mehr und nichts weniger, als daß Bettina uns stark reden gehört hat, dort ins Kabinett gegangen ist und alles weiß." – „Das habt Ihr nun", sprudelte der Doktor, „von Euren verdammten lügenhaften Geschichten, wahnsinniger Enthusiast, daß Ihr reizbare Gemüter vergiftet – ruiniert, mit Eurem tollen Zeuge; aber ich werde Euch das Handwerk legen." – „Herrlicher Doktor!" unterbrach der Enthusiast den Zornigen, „ereifert Euch nicht und bedenkt, daß Bettinas psychische Krankheit psychische Mittel erfordert und daß vielleicht meine Geschichte" – „Still, still", fiel der Doktor ganz gelassen ein, „ich weiß schon, was Ihr sagen wollt." – „Zu einer Oper taugt es nicht, aber sonst gab es darin einige sonderbar klingende Akkorde." So murmelte der Kapellmeister, indem er den Hut ergriff und den Freunden folgte.

Als drei Monat darauf der reisende Enthusiast der gesundeten Bettina, die mit herrlicher Glockenstimme Pergoleses „Stabat mater" (jedoch nicht in der Kirche, sondern im mäßig großen Zimmer) gesungen hatte, voll Freude und andächtigen Entzückens die Hand küßte, sprach sie: „Ein Hexenmeister sind Sie gerade nicht, aber zuweilen etwas widerhaariger Natur" – „wie alle Enthusiasten", setzte der Kapellmeister hinzu.